Laurent Jouvet

Pas de panique, Arthur!

Ernst Klett Verlag
Stuttgart · Leipzig

Table des matières

Livre audio et appareil pédagogique

Diese Materialien stehen im Internet, kostenlos zum Herunterladen:
Gib den Code in das Suchfeld auf www.klett.de ein.

Mehr dazu
j25c83 🌐 Hier befinden sich das Hörbuch zur Lektüre
und passende Arbeitsblätter.

1 La famille d'Arthur

Arthur est un animal fantastique: c'est un perroquet. C'est le perroquet de la famille Lenoir. Il habite en France, à Paris.

Voilà la famille d'Arthur:

2 Lucifer arrive.

Aujourd'hui, Liliane, la mère de Catherine, arrive avec Lucifer. Lucifer, c'est le chat de grand-mère. Lucifer aime Arthur, mais Arthur déteste les chats, alors…

Liliane: Bonjour, Catherine, bonjour Bertrand, bonjour les enfants. Ça va?

Bertrand: Euh oui, bonjour Liliane… Qu'est-ce qu'il y a…?

Liliane: J'ai envie d'aller dans les magasins, aujourd'hui. Mais Lucifer déteste les magasins… Alors, voilà Lucifer!

Catherine: Mais maman, aujourd'hui, c'est l'anniversaire de Laure et de Guillaume. C'est le 13 décembre!

Liliane: Ah, bon? C'est au mois de décembre? Moi, je déteste les anniversaires. Mais j'aime Laure et Guillaume! Alors les enfants, vous invitez grand-mère, bien sûr!

Laure: Bien sûr, grand-mère!

Bertrand: Euh, d'accord pour l'anniversaire, mais pour le chat, non…

Guillaume: Aujourd'hui, on prépare l'anniversaire… Nous aussi, on est dans les magasins, et Arthur déteste les chats!

Liliane: Il y a une solution! Mais d'abord un thé, s'il te plaît, Catherine!

3 Un gâteau pour Arthur?

Hum… je préfère mon thé… Tu as des gâteaux?

Tu as faim, maman?

Oh oui, ma fille, j'ai faim! Bertrand, vous avez des gâteaux?

Ah, Liliane et ses gâteaux!

Voilà les gâteaux…et les magasins, c'est pour quand? Pour aujourd'hui ou pour demain? Il est tard…

Bientôt, papa! Mamie, aujourd'hui, c'est super, on achète mes cadeaux d'anniversaire!

Comment ça, TES cadeaux? Mais non! On achète aussi MES cadeaux!

Bien sûr, Laure! Avec Guillaume, nous achetons un cadeau pour toi. Et papa et toi, vous achetez ensemble un cadeau pour Guillaume! Comme ça, c'est une surprise!

Et les cadeaux, c'est MAINTENANT! Vite, les enfants!

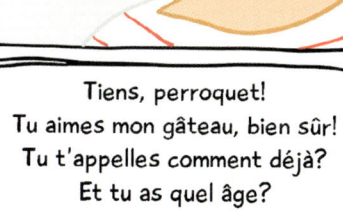

Tiens, perroquet! Tu aimes mon gâteau, bien sûr! Tu t'appelles comment déjà? Et tu as quel âge?

!!!

Je déteste les gâteaux! Grr! Et aussi les grands-mères!

Aïe!

Arthur!!!

4 On cherche les cadeaux.

A bientôt, Lucifer!

Au revoir, Arthur!

Dans la rue...

Alors, on cherche un cadeau pour ta sœur?

On cherche un livre? Elle aime les livres, Laure!

Oui!

Tu as une idée, pour ton frère?

Euh, non... On cherche à la FNAC?

Oui!

Guillaume et sa mère sont dans une librairie. Il y a des livres et des livres!

Catherine: Des BD ou un livre? Regarde, il y a 35 histoires sur l'Histoire dans ce livre!

Guillaume: Ou un livre en allemand? Pour préparer son voyage en Allemagne, chez sa cousine, Florence!

Catherine: Tu sais, ta tante et ta cousine sont encore à Munich à Noël, mais le premier février, elles sont à Nice…

Guillaume: Ah, bon? C'est dommage, j'aime l'Allemagne…

Laure et son père sont à la FNAC. Ils cherchent, ils cherchent…

Bertrand: Allô, Catherine, on est à la FNAC… Pour Guillaume, on cherche un CD, un DVD ou un jeu vidéo pour son ordinateur? Tu as une idée? … Ah oui? … D'accord…
Laure: Alors? Maman a une idée?
Bertrand: Oui, une super idée! Non, elle a deux super idées!

5 Dans un magasin pour animaux

Laure et son père sont dans un magasin pour animaux.

Laure: Super, l'idée de maman! Guillaume aime beaucoup les jeux vidéo! Mais qu'est-ce qu'on cherche ici, dans un magasin pour animaux?

6 La catastrophe!

A la maison…

7 Qu'est-ce qu'il y a?!

Bertrand et sa fille arrivent à la maison, mais là, c'est la catastrophe!

15

8 Préparons l'anniversaire!

Catherine: Ma mère est là?

Bertrand: Non.

Catherine: Ouf… Guillaume, tu ranges la chambre et tes affaires? Et Laure, tu ranges aussi la chambre, s'il te plaît? Avec papa, on prépare les anniversaires. Lucifer est encore dans ma chambre, Laure?

Laure: Oui.

Bertrand: Ça va bien, alors! Catherine, on prépare l'anniversaire maintenant? Il est tard…

9 Grand-mère arrive.

Liliane, la grand-mère arrive. Elle porte un panier…
Laure et Guillaume sont encore dans la chambre.
Et les parents préparent l'anniversaire.

Liliane: C'est moi! Ça va? Vous avez les cadeaux pour les
enfants? Et un gâteau d'anniversaire? Et Lucifer, où est
Lucifer?

Catherine: Hum… Lucifer est dans ma chambre mais il y a
un problème… Arthur déteste Lucifer!

Liliane: Mais Lucifer aime Arthur! … C'est dommage… Vous avez faim? J'ai un gâteau d'anniversaire pour les enfants. Et des cadeaux… On mange quand? J'ai faim, moi!

Bertrand: Bientôt… Merci pour le gâteau et les cadeaux!

Liliane: Et j'ai encore des surprises!

Catherine: Des surprises? Ah bon?

10 L'anniversaire

C'est l'anniversaire de Laure et de Guillaume. Ils ont 11 ans.
La famille est là, avec la grand-mère, Arthur et Lucifer.
Et voilà le gâteau d'anniversaire! Les deux enfants soufflent
les bougies ensemble puis on chante «Joyeux anniversaire»!

Et maintenant, les cadeaux! Alors, qu'est-ce que c'est?

Tiens, Guillaume, voilà ton cadeau! C'est un jeu vidéo pour regarder sur ton ordinateur!

Oh, merci!

Et pour toi, Laure, un super livre d'histoires... en allemand!

Super! Pour parler avec Florence, c'est ça? Ha, ha!

11 Les surprises de grand-mère

La grand-mère a un panier. Et dans le panier, elle a des surprises!

Liliane: Mes chers petits-enfants! J'ai des cadeaux pour vous, bien sûr. Vous préférez manger le gâteau maintenant ou regarder mes cadeaux?

Laure et Guillaume: Les cadeaux! Les cadeaux!

Liliane: D'accord. D'abord pour Guillaume: Tu aimes les jeux et les ordinateurs, alors voilà deux DVD avec des jeux vidéo sur les trains!

Guillaume: Super, j'aime beaucoup les trains! Merci, grand-mère.

Liliane: Bon, Guillaume a ses cadeaux, alors maintenant pour Laure: Moi aussi, j'ai un livre pour toi! Tu aimes les animaux, alors voilà un livre sur les perroquets!

Laure: Oh, merci, grand-mère!

Liliane: Mais attention, j'ai encore des cadeaux!

Bertrand: C'est l'année des surprises!

Liliane: C'est pour Arthur!!! Et oui, c'est aussi son anniversaire, aujourd'hui! Il déteste les gâteaux, alors voilà des pommes pour Arthur!

Catherine: Bravo, maman!

Bertrand: Oui, bravo! Nous avons aussi un cadeau pour Arthur… une balle!

FIN

Liste des mots

Chapitre 1

■ **un animal/des animaux** ein Tier/Tiere
(nur für Découvertes Bayern)
un perroquet ein Papagei

■■ **une famille** eine Familie

■■ **la France** Frankreich

■ **en France** in Frankeich

■■ **les** *les ist der Plural von le, la und l'*

■■ **un enfant** ein Kind

■■ **un fils** ein Sohn

■■ **les parents** *(m., pl.)* die Eltern

■■ **bien sûr** Sicherlich! / Na klar! / Selbstverständlich!

■■ **un an** ein Jahr

■■ **un cousin/une cousine** ein Cousin/eine Cousine

■■ **un grand-père** ein Großvater

■■ **l'Allemagne** Deutschland

■■ **en Allemagne** in Deutschland

■ **Munich** München **(nur für Découvertes Bayern)**
à Munich in München
en – à – dans 3-mal „in"

Chapitre 2

■■ **aujourd'hui** heute

■■ **une mère** eine Mutter

■■ **Qu'est-ce qu'il y a?** Was gibt es?

■■ **j'ai envie de faire qc/avoir envie de faire qc** ich habe Lust, etwas zu tun/Lust haben, etwas zu tun

■■ **un anniversaire** ein Geburtstag

■■ **décembre** Dezember

■ **Ah, bon?** Ach ja?/Wirklich?

■■ **un mois** ein Monat

■■ **inviter qn** jemanden einladen

> **!** **Rappel:** j'invite , tu invit**es**,
> il/elle/on_invit**e**, nous_invit**ons**,
> vous_invit**ez**, ils/elles_invit**ent**

■■ **préparer qc** etwas vorbereiten
une solution eine Lösung

■■ **d'abord** zuerst
un thé ein Tee

■■ **s'il te plaît** bitte *(wenn man jemanden duzt)*

Chapitre 3

- **un gâteau / des gâteaux** ein Kuchen / Kuchen

Hum Hm

- **préférer** vorziehen, lieber mögen (**nur für Découvertes Bayern**)

> ! je préfère, tu préfères, il / elle / on préfère, nous préférons, vous préférez, ils / elles préfèrent

- **mon / ma / mes** mein / meine
- **avoir** haben
- **des** *des* ist der Plural von **un** und **une**
- **avoir faim** Hunger haben
- **quand** wann
- **ou** oder
- **demain** morgen

il est tard es ist spät

- **son / sa / ses** sein / seine; ihr / ihre
- **bientôt** bald

mamie *(f., fam.)* Omi *ugs.*

- **acheter qc** etwas kaufen (**nur für Découvertes Bayern**)

> ! j'achète, tu achètes, il / elle / on achète, nous achetons, vous achetez, ils / elles achètent

- **un cadeau** ein Geschenk
- **ton / ta / tes** dein / deine
- **ensemble** gemeinsam, zusammen
- **une surprise** eine Überraschung
- **maintenant** jetzt
- **l'âge** das Alter
- **Tu as quel âge?** Wie alt bist du?

Aïe Au!

Maman Mutti

il s'appelle er heißt

- **une pomme** ein Apfel
- **avoir onze ans** elf Jahre alt sein
- **comme** wie (**nur für Découvertes Bayern**)
- **une idée** eine Idee

laisser lassen

- **une chambre** ein (Schlaf)Zimmer

Chapitre 4

- **A bientôt!** Bis bald.
- **la FNAC**

> 🔵🔴 Vis-à-vis
>
> **FNAC**, *eine franz. Ladenkette, die hauptsächlich Bücher, CDs, DVDs und Elektronikartikel vertreibt, oft zu günstigeren Preisen als anderswo.*

une librairie eine Buchhandlung

- **il y a** es gibt, es ist, es sind

Regarde Schau (*Imperativform des Verbs „regarder"*)

- **une histoire** eine Geschichte

L'Histoire Die Geschichte

- **allemand** deutsch
- **en allemand** auf Deutsch

Tu sais... Weißt du …

- **une tante** eine Tante
- **encore** noch
- **Noël** Weihnachten
- **le premier / le 1er** der erste
- **février** Februar
- **Allô?** Hallo? *(am Telefon)*

> 🔵🔴 Vis-à-vis
>
> In Frankreich meldet man sich am Telefon nicht mit seinem Namen, sondern mit „Allô?".

- **un père** ein Vater
- **un CD / des CD** eine CD / CDs

 Vis-à-vis

> Zum Geburtstag wird in Frankreich das Lied *Joyeux anniversaire* gesungen. Die Melodie ist dieselbe wie bei *Happy birthday to you* oder *Zum Geburtstag viel Glück.*

Après la lecture

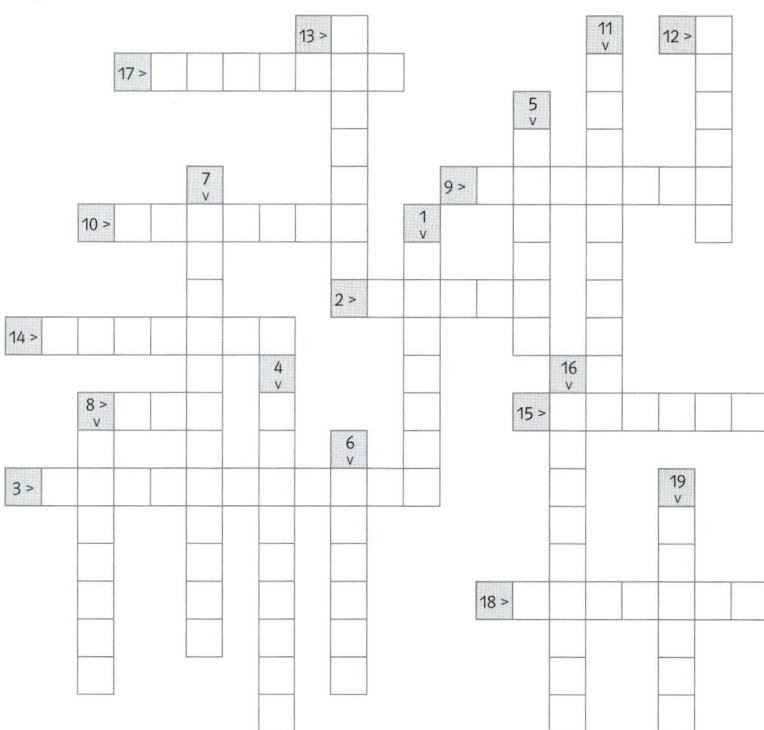

Horizontal

2 p.12 Dans le magasin pour animaux, ils trouvent une … .

3 p.14 A la maison, c'est la … !

8 p.8 11 ans, c'est l'… des enfants, Guillaume et Laure mais aussi d'Arthur.

9 p.4 C'est la mère de Catherine.

10 p.16 Guillaume et Laure rangent la … .

14 p.20 Ils chantent «Joyeux anniversaire!» et soufflent les … .

15 p.3 C'est le perroquet.

17 p.6 Grand-mère a faim, elle aime beaucoup les … .

18 p.7 Dans les magasins, ils achètent des … .

Vertical

1 p.15 Pas de …, Arthur!

4 p.19 La grand-mère a encore des … .

5 p.9 Laure aime les … .

6 p.18 La grand-mère arrive avec un … .

7 p.5 Aujourd'hui, c'est l'… des enfants, Guillaume et Laure.

8 p.3 C'est l'histoire de la … Lenoir.

11 p.11 Guillaume aime les jeux vidéo pour son … .

12 p.24 Le perroquet aime les … de grand-mère!

13 p.4 C'est le chat de la grand-mère.

16 p.10 La sœur de Bertrand habite en … .

19 p.22 Pour Guillaume, la grand-mère a deux jeux vidéo sur les … .

Laurent Jouvet

Le 14 Juillet d'Arthur

Erlebt zusammen mit Guillaume, Laure, Florence und dem Papagei Arthur ein Abenteuer in Paris! Am 14. Juli haben Guillaume und Laure ihre Cousine nach Paris eingeladen. Der Crêpes-Abend wird zur Katastrophe: Die Pfanne·geht in Flammen auf und Arthur, der Papagei, entflieht. Wie finden die Kinder den Papagei wieder? Und wie kommt es, dass Arthur plötzlich im Fernsehen erscheint? Wieso wird Arthur zum Star des französischen Nationalfeiertags?

Die Lektüre kann gegen Ende des 1. Lernjahres gelesen werden.

Das Hörbuch und begleitende Arbeitsblätter können kostenlos im Internet heruntergeladen werden.

32 Seiten   978-3-12-591816-0

Mais il est fantastique, ce perroquet!!

Isabelle Darras
La Boum au collège

Lola spielt Gitarre und Saxofon und hat mit ihren Freunden eine tolle Band gegründet. Sie wurden sogar als Live-Act für die Schulfete, dem Ereignis des Jahres, ausgewählt. Doch ihre Eltern machen einen Strich durch die Rechnung. Lolas Noten sind schlecht, sie darf nicht mehr proben. Kann das Konzert trotzdem stattfinden? Findet Lola eine Lösung?

Das Hörbuch und begleitende Arbeitsblätter können kostenlos im Internet heruntergeladen werden.

Während des 2. Lernjahres

40 Seiten   978-3-12-591817-7

Krystelle Jambon
Entre père et fils

Gustave (für seine Freunde „Gus") hat immer viel zu tun: Fotografieren, Computer, Fechten, Hiphop, Schwimmen … Für die Schule und die Frage nach seiner beruflichen Zukunft bleibt da nicht mehr viel Zeit. Eines Abends sieht Gustaves Vater, Omar, rot und versteckt den Computer. Auf der Suche nach dem Rechner macht Gus eine Entdeckung mit weit reichenden Folgen …

Das Hörbuch und begleitende Arbeitsblätter können kostenlos im Internet heruntergeladen werden.

Während des 3. Lernjahres

44 Seiten   978-3-12-591818-4

Marceline Putnaï
Mystère à Cannes

Cannes, das Festival hat gerade begonnen, da verschwindet der berühmte Regisseur Marco Antonovski spurlos. Wegen seiner Wutausbrüche und seinem arroganten Verhalten, wurde er von so manchem Schauspieler, Journalisten und seinem Team zutiefst gehasst. Die Polizei fängt an zu ermitteln. Da entdeckt Tom, ein junger Fotograf und passionierter Kinogänger, auf den Fotos, die er beim Festival geschossen hat, interessante Indizien. Er startet seine eigenen Nachforschungen…

Das Hörbuch und begleitende Arbeitsblätter können kostenlos im Internet heruntergeladen werden.

Während des 4. Lernjahres

56 Seiten   978-3-12-591819-1

Solutions de la page 29

Horizontal:

 2 p.12 Dans le magasin pour animaux, ils trouvent une *balle*.

 3 p.14 A la maison, c'est la *catastrophe*.

 8 p.8 11 ans, c'est l'*âge* des enfants, Guillaume et Laure mais aussi d'Arthur.

 9 p.4 *Liliane*, c'est la mère de Catherine.

 10 p.16 Guillaume et Laure rangent la *chambre*.

 14 p.20 Ils chantent «Joyeux anniversaire!» et soufflent les *bougies*.

 15 p.3 *Arthur*, c'est le perroquet.

 17 p.6 Grand-mère a faim, elle aime beaucoup les *gâteaux*.

 18 p.7 Dans les magasins, ils achètent des *cadeaux*.

Vertical:

 1 p.15 Pas de *panique*, Arthur!

 4 p.19 La grand-mère a encore des *surprises*.

 5 p.9 Laure aime les *livres*.

 6 p.18 La grand-mère arrive avec un *panier*.

 7 p.5 Aujourd'hui, c'est l'*anniversaire* des enfants, Guillaume et Laure.

 8 p.3 C'est l'histoire de la *famille* Lenoir.

 11 p.11 Guillaume aime les jeux vidéo pour son *ordinateur*.

 12 p.24 Le perroquet aime les *pommes* de grand-mère!

 13 p.4 *Lucifer*, c'est le chat de la grand-mère.

 16 p.10 La sœur de Bertrand habite en *Allemagne*.

 19 p.22 Pour Guillaume, la grand-mère a deux jeux vidéo sur les *trains*.